Continuation

CATALOGUE D'OBJETS DE CURIOSITÉ

Porcelaines de Sèvres, de Saxe, de Chine et du Japon, montées en bronze doré et non montées, Meubles en marqueterie et bois d'ébène, Bronzes, Pendules anciennes, Objets divers de Curiosité, Cristaux de roche, Vitraux suisses, Beaux Manuscrits des XV° et XVI° siècles, Bijoux anciens en or et argent, etc.,

DONT LA VENTE AUX ENCHÈRES PUBLIQUES AURA LIEU,

par suite du décès de M. GANSBERG,

Hôtel des Ventes Mobilières,

RUE DES JEUNEURS, N° 42,

Salle n. 3,

Les Mercredi 9, Jeudi 10 et Vendredi 11 Mars 1853, à midi,

et le Samedi 12 Mars, salle n° 4,

LES BIJOUX ET LES VITRAUX.

Par le ministère de M° RIDEL, Commissaire-Priseur, rue Saint-Honoré, 335,
Assisté de M. ROUSSEL, Expert, rue du Dragon, n. 33,
Chez lesquels se distribue le présent Catalogue.

EXPOSITION PUBLIQUE
Le Mardi 8 Mars 1853, de midi à quatre heures.

—

1853

CONDITIONS DE LA VENTE.

Elle sera faite au comptant.

Les acquéreurs paieront, en sus des adjudications 5 p. 100 applicables aux frais.

ORDRE DES VACATIONS.

Le Mercredi 9 Mars. — Porcelaines de Sèvres, de Saxe et de Chine, montées et non montées.

Le Jeudi 10. — Bronzes, Porcelaines montées et les Meubles.

Le Vendredi 11. — Bronzes chinois, Objets divers de curiosité, et les Cristaux de roche taillés pour lustres.

LE SAMEDI 12 MARS, DANS LA SALLE N° 4,

Seront vendus les Bijoux et les Vitraux.

CATALOGUE
D'OBJETS D'ART ET DE CURIOSITÉ

DÉSIGNATION

PORCELAINES
Montées en bronze doré et non montées.

1 — Un déjeûner en porcelaine de Sèvres, pâte tendre, fond bleu turquoise à guirlandes de fleurs, composé de six tasses, une théière, un sucrier et un pot à lait.

2 — Un vase cassolette ovale en porcelaine de Sèvres, pâte tendre, fond bleu de roi, à double médaillon, amours et sujet pastoral, monture Louis XVI, en bronze doré.

3 — Quatre-vingt-treize assiettes en porcelaine de Sèvres, pâte tendre, non décorées.

4 — Trente-huit assiettes en porcelaine de Sèvres, pâte tendre, bleu turquoise, non décorées.

5 — Six compotiers coquilles, porcelaine de Sèvres, pâte tendre, à bouquets de roses.

6 — Deux compotiers carrés en porcelaine de Sèvres, pâte tendre, à bouquets de roses.

7 — Une glacière en porcelaine de Sèvres, fond bleu turquoise, à médaillons d'oiseaux.

8 — Deux compotiers carrés, blanc uni, en porcelaine de Sèvres tendre.

9 — Un guéridon en porcelaine de Sèvres, pâte tendre, fond bleu turquoise, décoré de fleurs.

10 — Une coupe en porcelaine de Sèvres, monture à trépieds, en bronze doré.

11 — Deux pommes de cannes en porcelaine de Sèvres, l'une bleu turquoise et l'autre vert, décorées de fleurs.

12 — Deux plateaux festonnés, en porcelaine de Saxe, décorés de fleurs.

13 — Trois tasses, une cafetière et un pot à lait, en porcelaine de Saxe, décorés de fleurs.

14 — Douze manches de couteaux en porcelaine de Sèvres, bleu turquoise, décorés de fleurs.

15 — Une pièce de milieu avec fleurs et figures, en porcelaine de Saxe, monture rocaille en bronze en couleur.

16 — Un lot de fleurs en porcelaine de Sèvres et autres.

17 — Trois flambeaux en porcelaine bleu turquoise, à médaillons de fleurs, monture en bronze doré.

18 — Une paire de vases en porcelaine tendre, fond bleu turquoise, à médaillons d'amours et de fleurs, monture en bronze doré.

19 — Trois beaux vases en porcelaine bleu turquoise, à médaillons à sujets et bouquets de fleurs.
20 — Un grand et beau bol en porcelaine de Chine, à mandarins, d'un très riche décor.
21 — Un grand bol en porcelaine de Chine, décoré de fleurs.
22 — Un bassin en porcelaine céladon vert clair, décoré de mandarins et fleurs.
23 — Un grand et beau vase potiche à pans, en porcelaine du Japon, d'une forme très élégante.
24 — Un autre grand vase potiche, en porcelaine du Japon.
25 — Un vase en porcelaine d'ancien craquelé, orné de mufles de lions en relief.
26 — Un autre vase en porcelaine craquelée, anses à dragons.
27 — Un grand vase en porcelaine tendre, fond bleu de roi à réseaux d'or, médaillons à paysages.
28 — Un grand vase forme aiguière, en porcelaine d'Allemagne, orné de bas-reliefs et de guirlandes de fleurs.
29 — Trois autres grands vases en même porcelaine, avec figures et bas-reliefs, ornements dorés.
30 — Un vase de forme aplatie, en porcelaine de Chine, fond rouge à dessins d'or, médaillons à sujets de mandarins ornés de branches, de fleurs et d'animaux en relief.

31 — Une paire de vases à pans, en porcelaine de Chine, fond rose, décorés de fleurs en relief, monture à deux anses, en bronze doré.

32 — Deux jolies potiches en porcelaine du Japon, d'un très beau décor.

33 — Un grand cornet en porcelaine du Japon.

34 — Une fontaine en porcelaine ancien blanc de Chine, à ornements découpés à jour, avec monture rocaille en bronze doré, enrichie de deux oiseaux en porcelaine de Saxe.

35 — Un petit service en porcelaine de Chine, à guirlandes de fleurs, composé de deux soupières, quatre-vingts assiettes, douze compotiers et six tasses.

36 — Une paire de vases à six pans, en porcelaine de Chine, fond bleu, à mandarins, très belle qualité.

37 — Un vase en porcelaine de Chine, dite coquille d'œuf, fond bleu, décoré de paysages et de fleurs.

38 — Une paire de vases à huit pans, à champs rentrés, en porcelaine de Chine, décorés de fleurs.

39 — Un vase en porcelaine de Chine, décoré de mandarins et de fleurs, monture style Louis XVI, en bronze doré.

40 — Deux paires de vases en porcelaine de Chine, fond bleu, à cartels de dessins camaïeux bleus.

41 — Un vase en porcelaine de Chine, à décor de mandarins, monture à deux anses en bronze doré.

42 — Deux beaux vases en porcelaine céladon, jaspé de bleu et de rouge, monture rocaille en bronze doré.

43 — Un pot à eau à couvercle en porcelaine céladon de Chine, à mandarins.

44 — Un grand bol en porcelaine de Chine, à mandarins, d'une grande richesse de décor, belle monture rocaille à deux anses, en bronze non doré.

45 — Un petit vase en porcelaine du Japon, avec monture rocaille en bronze doré, un vase de Chine à mandarins, tous deux montés en bronze doré.

46 — Deux coupes en porcelaine du Japon, d'un très beau décor, avec monture rocaille très riche, en bronze doré.

47 — Vingt-quatre assiettes à mandarins, en porcelaine de Chine, d'un décor très riche.

48 — Un grand vase à couvercle en porcelaine de Chine, décoré de fleurs et d'oiseaux, monture rocaille en bronze doré.

49 — Un vase en porcelaine rouge haricot, sur socle en bois de fer sculpté.

50 — Un vase forme bouteille en porcelaine céladon à dessins gauffrés, richement décoré de fleurs et oiseaux, monture à deux anses, style Louis XVI, en bronze doré.

51 — Deux vases forme bouteille céladon jaspé, monture rocaille à deux anses, en bronze doré.

32 — Deux vases en porcelaine craquelée, ancienne qualité, à mufles de lions et ornements en relief.

53 — Une autre paire de vases de même forme, en porcelaine de Chine, fond bleu, décor à mandarins.

54 — Onze grands plats en porcelaine de Chine et du Japon.

55 — Une coupe ronde, en porcelaine du Japon, décorée de fleurs, monture à trépieds en bronze doré.

56 — Deux coupes à six pans, en porcelaine de Chine vert et jaune, ancienne qualité, monture à trépieds en bronze doré.

57 — Une coupe en céladon craquelé, bleu pâle.

58 — Deux tabourets de jardin, en porcelaine céladon de Chine, décorés de fleurs.

59 — Un vase en porcelaine céladon rouge, sur socle en bois de fer sculpté.

60 — Un vase en porcelaine de Chine à huit pans, décoré de fleurs.

61 — Deux beaux vases en porcelaine céladon gauffré, avec anses.

62 — Un candelabre de milieu à bouquets de lis, en bronze doré, dans un vase en porcelaine céladon à dessins bleus.

63 — Un vase en porcelaine, monture à trépieds en bronze doré, sur socle en marbre blanc.
64 — Deux vases potiches en porcelaine du Japon laqué.
65 — Un vase en porcelaine de Chine, à mandarins, garni en bronze doré.
66 — Un vase potiche en porcelaine de Chine, fond bleu, à cartels de fleurs.
67 — Une paire de petites aiguières en porcelaine de Chine, à dessins camaïeu rouge, monture en bronze doré.
68 — Un bassin en porcelaine de Chine à dessins camaïeu bleu.

BRONZES ET DORURES.

69 — Une pendule en bronze forme de temple à mouvement horizontal, en marbre blanc, ornée de bronzes dorés, style Louis XVI.
70 — Une petite pendule du temps de Louis XVI. Le mouvement supporté par trois figures d'enfants, bronze doré.
71 — Un grand cadre Louis XV, orné de fleurs et de chérubins en bois doré.
72 — Une pendule et son socle en marqueterie garnie de bronze rocaille.
73 — Trois petits socles de pendules en marqueterie, garnis de bronzes.

74 — Deux grands candelabres à lampes, très riches d'ornements en bronze doré; ils sont munis de leurs six lampes, façon Carcel.

75 — Une pendule du temps de Louis XVI, sujet à figures en bronze doré, socle en marbre blanc.

76 — Deux grands candelabres à six branches ornés de figures d'enfants, pieds triangulaires, bronze doré.

77 — Une paire de candelabres à six branches en forme de vases sur fûts de colonnes cannelées, ornés de guirlandes, bronze doré.

78 — Une paire de feux rocaille avec figures d'enfants, bronze en couleur.

79 — Une paire de feux rocaille avec animaux en bronze doré.

80 — Deux paires de bras à deux branches, style Louis XIV, bronze en couleur.

81 — Une pendule forme cintrée et son socle en marqueterie de cuivre et écaille, ornée de bronzes.

82 — Une pendule en porphyre rouge oriental garnie en bronze doré.

83 — Deux beaux vases à deux anses en malachite, garnis en bronze doré, sur piédestaux en porphyre rouge oriental, garnis en bronze doré.

84 — Une paire de flambeaux à enfants supportant des cornes d'abondance en bronze doré.

85 — Une autre paire de flambeaux à figures de Bacchus et Ariane en bronze doré.

86 — Une pendule forme droite avec son socle en marqueterie de cuivre sur écaille noir, garni de bronzes.

87 — Un petit lustre à quinze lumières en porcelaine bleu turquoise à médaillons de fleurs, garni en bronze.

88 — Une petite pendule Louis XVI en bronze doré, la Liseuse, socle en marbre blanc.

89 — Une pendule rocaille du temps de Louis XV ornée de plusieurs figurines, sur pied rocaille en bronze doré.

90 — Deux statues de femmes assises, quatre vases style Louis XVI et une couronne avec écusson en bronze doré.

91 — Deux paires de flambeaux en argent ornées de cannelures, style Louis XVI.

92 — Une lanterne d'antichambre du temps de Louis XVI en bronze doré.

93 — Une lanterne d'antichambre à cinq pans en bronze.

94 — Une lanterne d'antichambre, style Louis XVI en bronze doré.

95 — Une paire de feux rocaille en bronze doré.

96 — Une paire de flambeaux Louis XVI en bronze ciselé et doré.

97 — Une petite paire de feux formés par des vases avec guirlandes de chêne, style Louis XVI en bronze doré.

98 — Une paire de flambeaux à pieds triangulaires, bronze doré et marbre blanc.

99 — Une paire de flambeaux à trépieds en bronze doré et marbre blanc.

100 — Deux petits candelabres rocaille en bronze doré avec vase en porcelaine de Chine.

101 — Une très grande pendule du temps de l'Empire en marbre blanc avec groupe de figures. Vénus et l'Amour, bas-relief et ornements en bronze doré mat.

102 — Christ en bronze doré dans un cadre très riche, également en bronze doré.

103 — Une paire de coupes avec fûts de colonnes cannelées ornées de guirlandes eu bronze doré, sur socles en marbre blanc.

104 — Un groupe de chevaux avec figure d'homme en bronze.

105 — Une paire de grands flambeaux du temps de Louis XV en cuivre.

106 — Une petite pendule allemande du temps de Louis XIII en bronze doré.

107 — Une paire de candelabres à branches de lys et de roses supportées par des groupes de figures de femmes en bronze au vert antique, style Louis XVI.

108 — Un presse-papier formé par un lézard et un serpent enlacés, en bronze doré.

109 — Une petite pendule de bureau forme hexagone en cuivre doré, enrichie d'arabesques dorées.

110 — Une paire de petits feux rocailles avec figures d'enfants en bronze doré.
111 — Une paire de feux rocaille en bronze doré.
112 — Une paire de grands candelabres à bouquets de roses supportés par des figures de femme, style Louis XVI sur fût de colonne cannelé en marbre blanc.
113 — Sept figurines d'enfants en bronze doré et un bouc.
114 — Deux figures de femmes pour candelabres, bronze doré mat.
115 — Un lustre flamand à huit branches en cuivre poli, style Louis XIII.
116 — Un régulateur de Bourdier dans sa boîte en bois noir.
117 — Une grande pièce de surtout ornée de bas-reliefs en cuivre doré.
118 — Deux bras à cinq lumières en porcelaine montée en bronze de couleur.
119 — Un cartel rocaille orné de figures d'Amours, bronze en couleur.
120 — Une paire de flambeaux à Dauphins du temps de Louis XVI en bronze doré.
121 — Une paire de coupes, style Renaissance à griffons en bronze doré.
122 — Une pendule dite religieuse, marqueterie d'étain sur écaille rouge.
123 — Une paire de bras à deux lumières, style Louis XIV en bronze doré.
124 — Une paire de bras rocaille à trois lumières en bronze doré.

125. — Une paire de feux style Louis XVI à cassolettes et enfants portant des guirlandes de fruits et de fleurs, bronze doré.
126 — Une paire de bras à quatre branches terminés par des têtes de béliers dans le style de Louis XIV, bronze doré.
127 — Un pied de pendule en marqueterie de Boule sur écaille noire garni de bronze.
128 — Une paire de girandoles rocailles à trois lumières avec figures d'enfants en bronze doré.
129 — Un encrier rocaille forme coquille avec figures d'enfants en bronze doré.
130 — Un petit cartel rocaille, style Louis XV en bronze doré avec fleurs et figures en porcelaine.
131 — Une paire de girandoles à trois branches, bronze doré, rocaille du temps de Louis XV.
132 — Une grande paire de bras à quatorze lumières en bronze.
133 — Deux vases style Louis XVI à panses en bronze bleu, avec anses et ornements à feuilles d'acanthe en bronze doré au mat.
134 — Deux paires de bras rocaille du temps de Louis XV en bronze doré.
135 — Une paire de petits bras à deux branches du temps de Louis XVI en bronze doré.
136 — Une paire de bras rocaille avec figures d'enfants en bronze doré.

137 — Un cartel Louis XVI à guirlandes de chêne en bronze doré.
138 — Une paire de bras rocaille à six lumières en bronze.

MEUBLES

En Marqueterie, Bois Rose et Bois d'Ébène.

139 — Une paire de meubles en bois d'ébène, les portes pleines ornées des bustes en bas-reliefs de Louis XIV et de sa femme, avec cariatides aux angles; le tout en bronze doré.
140 — Un joli petit meuble, bonheur du jour, fermant à deux portes dans le haut et trois tiroirs, en bois rose orné de huit plaques en porcelaine tendre, fond bleu turquoise, à médaillons de fleurs et oiseaux, enrichi de bronze doré.
141 — Une bibliothèque du temps de Louis XV en bois de placage, vitrée dans le haut et garnie de bronzes.
142 — Une console du temps de Louis XIV en bois sculpté et doré, dessus en velours rouge.
143 — Un bureau en bois rose, style Louis XV, orné de bronzes dorés.
144 — Une bibliothèque en marqueterie de Boule, fond d'ébène, portes pleines dans le bas, tiroirs au dessus et portes vitrées dans le haut.

145 — Une montre vitrée à bijoux, forme hexagone, en bois d'ébène, garnie de bronze doré, provenant de la collection de M. de Bruges.

146 — Une table de nuit en bois rose garnie de bronzes dorés.

147 — Un petit bureau en marqueterie du cuivre sur écaille rouge, garnis de bronzes dorés.

148 — Une armoire formant commode, style de l'Empire, en bois de citron et bois d'acajou, ornée de cariatides et d'appliques en bronze doré, dessus de marbre bleu turquin.

149 — Un bureau en bois de palissandre, à colonnes torses et garni de trois tiroirs.

150 — Une console, style Louis XV, en bois sculpté et doré, marbre bleu turquin.

151 — Deux étagères d'encoignures en bois rose, garnies de cuivres dorés.

152 — Deux étagères d'encoignures en bois rose, garnies de cuivres dorés, plus petites.

153 — Une commode du temps de l'Empire en bois d'acajou, ornée de cuivres dorés.

154 — Un secrétaire dos d'âne en bois de placage du temps de Louis XV, garni de bronzes.

155 — Un écran en bois rose richement orné de bronze doré.

156 — Une petite console en bois d'acajou du temps de l'Empire, pieds cannelés, garnis en cuivre.

157 — Un petit bureau en marqueterie de cuivre sur écaille rouge, garni en bronze doré.

158 — Une petite table faisant toilette et bureau en bois rose garni de bronzes dorés.

159 — Un cabinet italien fermant à deux portes et garni de nombreux tiroirs ; le tout en bois d'ébène avec incrustation d'ivoire gravé.

160 — Une petite table jardinière de forme contournée en bois rose, garnie de bronze doré.

161 — Un coffret en marqueterie de cuivre sur écaille rouge, première partie, orné de bronzes.

162 — Un autre coffret en marqueterie de cuivre sur écaille rouge, orné de bronzes.

163 — Un coffret en marqueterie de bois rose et bois de couleurs, garni de bronzes dorés.

164 — Un régulateur de Lacroix dans sa boîte en bois d'ébène garnie de bronzes dorés.

165 — Un autre régulateur du temps de Louis XV dans sa boîte en bois rose, garni de bronzes.

166 — Une grande glace à compartiments, ornements de couleurs en verre de Venise.

167 — Une glace avec cadre en cuivre ciselé et doré, style Louis XIV.

BIJOUX ANCIENS.

168 — Une boîte ronde en écaille, avec bouquet de fleurs par Van Spaendonck sur le couvercle.
169 — Une boîte ovale du temps de Louis XV, en or ciselé, avec médaillon à sujets en relief en or de couleur et argent.
170 — Un boîte ovale du temps de Louis XVI, en or ciselé.
171 — Un étui du temps de Louis XVI, en or ciselé et guilloché.
172 — Un étui du temps de Louis XVI, en or ciselé, formant cachet.
173 — Un étui en or ciselé et guilloché.
174 — Un petit reliquaire du temps de Louis XIII, enrichi de perles fines.
175 — Une montre en or émaillé, du temps de Louis XV, décorée de fleurs sur fond vert.
176 — Une montre du temps de Louis XV, en or ciselé, enrichie de diamants.
177 — Une montre à répétition en or émaillé, du temps de Louis XVI.
178 — Une boîte ovale en or guilloché, avec bordure émaillée.
179 — Une boîte ovale du temps de Louis XVI, en or émaillé, monture ciselée.

180 — Une boîte ronde du temps de Louis XVI, en aventurine de Venise, monture en or ciselé, enrichie de perles.

181 — Une montre en or émaillé, du temps de Louis XVI.

182 — Une autre montre en or émaillé, du temps de Louis XVI.

183 — Une montre du temps de Louis XV, la boîte ornée d'un émail, portrait de femme.

184 — Une pomme de canne du temps de Louis XVI, en or émaillé.

185 — Une pomme de canne du temps de Louis XV, en or repoussé, enrichie d'une turquoise.

186 — Une tête de cheval pour manche de cravache, en or ciselé, enrichie de douze brillants et d'émeraudes.

187 — Un mouton formé d'une mère-perle montée en or émaillé. Bijou du xvie siècle.

188 — Un autre bijou du xvie siècle, en or émaillé, représentant saint Jérôme sur un rocher formé d'une mère-perle.

189 — Un reliquaire en or émaillé du xvie siècle, tête de Christ enrichi de diamants table.

190 — Une pomme de canne en or émaillé, avec bas-relief.

191 — Une petite montre du temps de Louis XV, en or ciselé, avec ornements en relief.

192 — Une rosace en or émaillé enrichi de rubis. Bijou du xvie siècle.

193 — Un médaillon reliquaire en or émaillé enrichi de rubis.
194 — Un Christ en croix en or émaillé, et un cachet Louis XV monté en or.
195 — Un médaillon en or émaillé avec camée coquille, représentant le Jugement de Salomon; travail du xvi° siècle.
196 — Un bijou en forme de poisson, formé par une mère-perle et enrichi de roses, monture en or.
197 — Un cachet-breloque, tête de femme, en agate onyx, avec cornaline intaille, monture en or et crochet émaillé.
198 — Quatre petits bijoux en or.
199 — Un reliquaire en or émaillé, représentant le Christ en croix; joli bijou du xvi° siècle.
200 — Une bague en filigrane d'or et une croix en or émaillé.
201 — Un bijou en or du xvi° siècle, mouton dont le corps est formé par une mère-perle.
202 — Une forte bague en filigrane d'or, avec caractères hébraïques gravés en creux.
203 — Une bague antique avec cornaline intaille, monture en or.
204 — Une paire de boucles d'oreilles en or émaillé avec pendeloques en perles fines.
205 — Un bénitier en argent repoussé, tête de Christ et figure d'ange.
206 — Un petit calice à couvercle, en argent repoussé et doré.

207 — Une salière en argent repoussé, travail allemand.
208 — Un grand gobelet en argent repoussé, avec figures allégoriques à la Justice et à la Vérité.
209 — Un reliquaire en argent orné de figurines, avec date de 1621.
210 — Un calice en forme d'ananas en argent repoussé.
211 — Deux calices gothiques en argent doré.
212 — Un lot de pierres de couleurs, améthystes, émeraudes, etc.
213 — Deux statuettes d'Hercule, bronzes antiques.
214 — Une cornaline intaille, buste de Napoléon Ier, et une cornaline intaille, buste de femme.
215 — Deux plaques de bracelets, mosaïques d'incrustation en agate sur or.
216 — Un pied en argent repoussé et doré et une statuette d'Amour sur un cheval marin.
217 — Un coffret en argent repoussé; sur le couvercle : Mars, Vénus et l'Amour.
218 — Cinq débris de bijoux en or émaillé et un lot de roses et pierres de couleurs.
219 — Une tabatière formée d'une coquille, monture en argent doré.
220 — Quatre grandes médailles en argent, des règnes de Louis XIV, Louis XV et autres.
221 — Une grande chaîne avec cassolette en argent doré, travail allemand.

222 — Un flacon en cristal garni en or.

223 — Huit cassolettes de différentes formes en argent doré.

224 — Une grande boîte ronde en verni de Martin, cercle en or, sujet mythologique.

225 — Une coupe en argent repoussé et doré, travail allemand.

226 — Deux salières du temps de Louis XVI en verre bleu garni en argent.

227 — Un plat en argent repoussé, avec monogramme du Christ et attribut de la Passion.

228 — Un bracelet en argent doré et ciselé orné d'une figurine d'Amour portant une couronne.

229 — Une boîte de montre en or émaillé, avec miniature représentant Cléopâtre.

230 — Un petit bas-relief en argent repoussé, sujet de marine.

231 — Un petit bénitier en cristal de roche gravé, monture en argent doré.

232 — Quatre-vingt-treize médailles et une coupe en argent, pesant 1,407 grammes.

233 — Une boîte en argent ciselé avec applique en or de couleur.

234 — Une petite boîte en écaille blonde avec mosaïque de Rome garnie en or et une autre boîte en écaille fondue, charnière en or.

235 — Une boîte ovale en agate d'Allemagne garnie en or, et une cuvette de boîte en prime d'améthiste, ornée d'appliques en or et burgau.

236 — Deux bas-reliefs ronds en argent repoussé, sujets de marine.

237 — Dix-huit petites pièces en argent, reliquaires, cassolettes et autres.

238 — Trois pièces en argent, un Christ en ivoire, travail repoussé, et un médaillon, tête de femme, aussi travail repoussé.

239 — Quatre autres pièces en argent, un piédestal, deux aigles et deux boucles de souliers.

240 — Seize monnaies et médailles en or.

241 — Une petite coupe et une cuillère en argent repoussé.

242 — Une coupe en cornaline, une petite boîte en cristal de roche.

243 — Une croix en or émaillée, enrichie de pierres de couleurs.

244 — Douze bagues montées en or et en argent, avec pierres.
Ce lot sera divisé.

245 — Un collier en marcassite monté en argent.

246 — Un cachet avec cornaline en creux monté en or, une cassolette en or.

247 — Une bague avec camée sur turquoise, monture en or.

248 — Dix-sept camées sur agate onyx, et deux intailles sur lapis.

249 — Cinq camées, bustes d'hommes, sur agates de diverses couleurs.

250 — Quatorze peintures sur émail, représentant divers sujets.

251 — Un portrait d'homme, costume du temps de Louis XIV, émaillé sur or, attribué à Petitot.

252 — Un portrait de vieillard émaillé sur or, attribué à Petitot.

253 — Une charmante miniature, portrait de madame de Penthièvre.

254 — Deux portraits d'hommes sur émail.

OBJETS DIVERS DE CURIOSITÉ

Marbres, Cristaux de roche, Verreries de Venise, Manuscrits, etc.

255 — Deux bustes en marbre blanc, Bacchus et Ariane, sur fûts de colonne en marbre bleu turquin.

256 — Buste de Cérès en marbre blanc.

257 — Jupiter assis en marbre blanc, d'après l'antique.

258 — Deux vases en marbre jaune antique, les anses, formées par des têtes de béliers, sont prises dans la masse, sur piédestaux en marbre brèche coraline.

259 — Deux fûts de colonnes avec piédestaux en marbre blanc garnis de bronzes dorés, du temps de Louis XVI.

260 — Un fût de colonne en marbre brèche.

261 — Deux obélisques en marbre brocatelle, garnis en bronze doré.

262 — Une croix en cristal de roche sur pied en cuivre richement orné.

263 — Six flambeaux et une croix en cristal de roche montés en bronze doré.

264 — Deux flambeaux en cristal de roche formés de pièces d'enfilage.

265 — Quantité de pièces en cristal de roche, telles que pendeloques de lustres, poires et boules pour lustres, étoiles et pièces d'enfilage.

266 — Deux girandoles ornées de cristaux, piédestaux en marbre noir, ornés de peintures.

267 — Un nécessaire garni de vingt pièces en cristal de Bohême gravé et doré, ancienne qualité.

268 — Un manuscrit sur vélin orné de vignettes et de quatre miniatures.

269 — Un autre manuscrit sur vélin orné de vignettes et de miniatures.

270 — Un autre manuscrit sur vélin également orné de vignettes et de miniatures.

271 — Un manuscrit du XVI° siècle sur vélin, orné de miniatures et vignettes.

272 — Un manuscrit du XV° siècle sur vélin, orné de miniatures et de vignettes, reliure du temps en cuir gauffré.

273 — Un bas-relief en cuivre repoussé et argenté, sujet tiré de l'histoire d'Alexandre-le-Grand.

274 — Quatre figures agenouillées en bois sculpté et peint.

275 — Un grand bas-relief, sujet de sainteté, en bois sculpté.

276 — Un vase à trois pieds en bronze chinois, chargé d'ornements en relief.

277 — Un très beau cadre pour Christ en bois sculpté et doré, orné de figures d'anges et de chérubins.

278 — Trois cadres en ébène, dont un orné de placage en jaspe et lapis.

279 — Deux bas-reliefs en bois sculpté, représentant des personnages et des sujets de sainteté.

280 — Deux petits cadres en marqueterie de cuivre sur écaille rouge, ornés de bronzes.

281 — Un médaillon ovale en bronze tonquin, représentant en relief des oiseaux et des fleurs.

282 — Une châtelaine en cuivre ciselé et doré.

283 — Une croix en bois sculpté avec bas-reliefs, à sujets de sainteté, monture en argent doré enrichie de coraux.

284 — Une pipe en écume de mer garnie en argent et tuyau en ivoire et corne.

285 — Cinq couvercles de tabatières en porcelaine de Saxe, ornés de peintures.

286 — Quatre plaques émaillés sur cuivre, paysages, provenant de tabatières.

287 — Une montre ovale, boîte en cuivre doré et gravé, travail allemand.

288 — Une boîte à quatre étages en vieux laque du Japon, fond or, très belle qualité.

289 — Un miroir chinois en métal, dans sa boîte en laque noir.

290 — Un plateau en laque de Chine, fond noir à dessins d'or, monture rocaille en bronze doré.

291 — Trois cadres ovales à dessins rocaille en bronze doré.

292 — Cinq éventails anciens en nacre de perle et ivoire, ornés de miniatures.

293 — Vingt-trois beaux éventails anciens en ivoire et nacre de perles, sculptés et ornés de belles miniatures.
Ce lot sera divisé.

294 — Deux bas-reliefs en fer repoussé avec entourage damasquiné d'or du XVIe siècle.

295 — Un coffret formant écritoire en ivoire et écaille. Les pièces intérieures en argent doré.

296 — Une croix formant reliquaire en cuivre doré, orné de cabochons en lapis et de deux figurines d'enfants, socle en bronze doré.

297 — Un nécessaire du temps de Louis XVI, en ivoire, renfermant une paire de ciseaux et de tablettes, garniture en or.

298 — Six cruches en grès de Flandre ornées de bas-reliefs.

299 — Une grande cruche en grès de Flandre, émaillée en brun, ornée d'un bas-relief à sujets.

300 — Un plat ovale à reptiles et coquillages sur fond jaune, faïence genre de Palissy.

301 — Un plat en faïence genre de Palissy, orné de reptiles et coquillages.

302 — Un autre grand plat du même genre.

303 — Un lot de petits émaux, devises et attributs.

304 — Une boîte en ébène avec miniatures représentant Jupiter et Léda.

305 — Sept châtelaines du temps de Louis XV, en bronze doré.

306 — Grande coupe en agate veiné.

307 — Deux bas-reliefs en bois sculpté, l'un représentant Hercule combattant l'Hydre, et

l'autre Hercule combattant le centaure, cadres en bois noir guilloché.

308 — Six grands flambeaux d'église en bois sculpté et doré.

309 — Un tapis de table de forme ronde en velours vert et rouge brodé en fin.

310 — Six médaillons en émail de Limoges, têtes d'empereurs romains, réunis dans un cadre en bois doré.

311 — Un grand plat en étain avec arabesques et sujets en bas-reliefs du XVI° siècle.

312 — Une aiguière et son plat en étain, avec arabesques et sujets allégoriques en relief, genre de Briot.

313 — Grand plat allemand en étain à arabesques en relief, et un plat en cuivre repoussé.

314 — Un plat et une aiguière en étain doré à l'huile.

315 — Deux grands verres à pieds élevés, avec armoiries émaillées en couleur.

316 — Quatre petites salières et un couvercle en verre blanc.

317 — Un grand verre de forme évasée à filigranes blancs en verre de Venise.

318 — Deux verres à pieds élevés avec ornements en couleur.

319 — Vase à couvercle avec ornements émaillés en couleurs, et un vase à une anse, avec ornements bleus.

320 — Une coupe en verre de Venise à ornements bleus, et un vase en forme d'aiguière, ornements bleus.

321 — Un calice à couvercle en verre blanc et une burette double également en verre blanc.

322 — Un vase à une anse à filigrane blanc, et deux autres pièces en verre blanc de Venise.

323 — Environ deux cents vitraux suisses, tant à peintures grisailles qu'à peinture coloriées, représentant divers sujets de sainteté et des armoiries, seront vendus par lots.

Maulde et Renou, Imprimeurs de la Compagnie des Commissaires-Priseurs, 8519* rue de Rivoli prolongée, au coin de celle de l'Arbre-Sec.

www.ingramcontent.com/pod-product-compliance
Lightning Source LLC
Chambersburg PA
CBHW030106230526
45471CB00003B/1287